APPRENTIS LECTEURS

SCIENCE

Les couleurs de l'arc-en-ciel

Allan Fowler

Texte français de Claude Cossette

Éditions
■SCHOLASTIC

Catalogage avant publication de Bibliothèque
et Archives Canada

Fowler, Allan
Les couleurs de l'arc-en-ciel / Allan Fowler;
texte français de Claude Cossette.

(Apprentis lecteurs. Sciences)
Traduction de : All the Colors of the Rainbow.
Pour enfants de 5 à 8 ans.
ISBN 0-439-94185-7

1. Arc-en-ciel--Ouvrages pour la jeunesse.
2. Couleurs--Ouvrages pour la jeunesse.

I. Titre. II. Collection.

QC976.R2F6914 2006   j551.56'7   C2006-903215-7

Conception graphique : Herman Adler Design
Recherche de photos : Caroline Anderson
La photo en page couverture montre un arc-en-ciel au-dessus de la mer et des montagnes.

Édition publiée par les Éditions Scholastic,
604, rue King Ouest, Toronto (Ontario) M5V 1E1.

5 4 3 2 1   Imprimé au Canada   06 07 08 09

As-tu déjà vu un arc-en-ciel?
Ses couleurs sont si jolies et
sa forme est si parfaite!

Tu ne peux pas toucher
ni attraper un arc-en-ciel...

parce que c'est de la lumière,
la lumière du soleil.

As-tu déjà vu des rayons
de lumière dans une forêt?
On dirait qu'ils sont blancs.

Si la lumière du soleil est blanche, comment se fait-il qu'elle prenne quelquefois toutes les couleurs de l'arc-en-ciel?

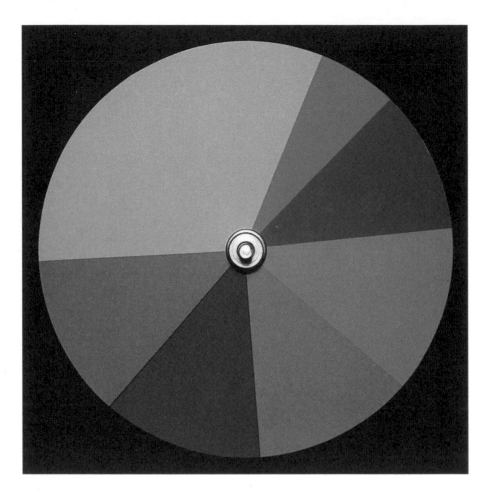

Regarde un disque chromatique.
Tu vois des triangles de couleur.

Si tu fais tourner le disque
doucement, les couleurs
vont devenir floues.

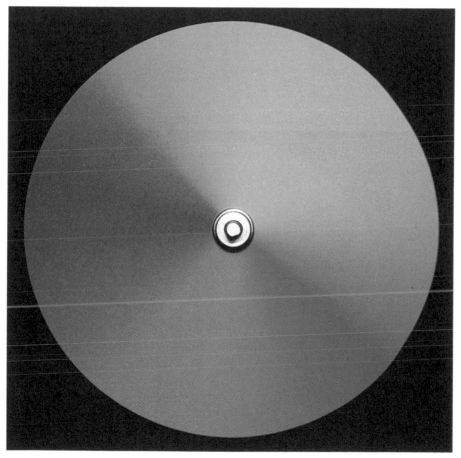

Si le disque tourne plus vite,
tu verras seulement du blanc.
Le bleu, le jaune et le rouge sont
toujours là, mais tu ne peux tout
simplement pas les voir.

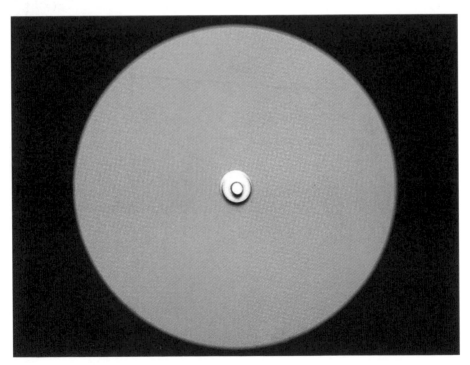

Ces mêmes couleurs sont mélangées dans la lumière du soleil.

Les couleurs de la lumière du soleil sont toujours là, mais tu ne peux les voir que de temps à autre, si le soleil est derrière toi et s'il pleut quelque part devant toi.

Quand la lumière du soleil entre dans les gouttes de pluie devant toi, la lumière rebondit tout autour et dévie à l'intérieur des gouttes d'eau.

En sortant des gouttes d'eau,
la lumière se décompose en
rayons de lumière colorée,
ce qui forme un arc-en-ciel.

Tu peux aussi voir les couleurs
de l'arc-en-ciel quand la lumière
du soleil traverse un morceau
de verre d'une forme spéciale,
un prisme.

14

Le scientifique Sir Isaac Newton a été la première personne à expliquer l'effet du prisme. Comme une goutte d'eau, le prisme dévie la lumière du soleil, ce qui fait que tu peux voir les différentes couleurs.

La couleur rouge est toujours
au haut de l'arc-en-ciel. Ensuite,
il y a l'orange, le jaune, le vert,
le bleu, l'indigo et le violet.
Le violet est au bas de chaque
arc-en-ciel.

Quand tu regardes un
arc-en-ciel, il se peut que
tu ne voies pas toutes ces
couleurs. En fait, c'est parce
qu'elles se mélangent.

Un mélange de lumière est
un peu comme un mélange
de peinture. Si tu mélanges du
rouge et du jaune, tu obtiens
la couleur orange.

18

Donc, la couleur orange
se trouve entre le rouge et
le jaune dans un arc-en-ciel.

Si tu mélanges du jaune et du bleu, tu obtiens du vert.

C'est pourquoi le vert se trouve
entre le jaune et le bleu dans
un arc-en-ciel. Chacune des
couleurs se fond doucement
dans la couleur suivante.

Quelquefois, tu peux voir
deux arcs-en-ciel.

Le deuxième est à l'extérieur du premier, et il n'est pas aussi brillant.

Ses couleurs sont « à l'envers ». Le rouge est en bas.

Le meilleur moment pour voir un arc-en-ciel, c'est après un orage, en fin d'après-midi ou tôt le matin.

Le soleil doit être bas dans le ciel.

Place-toi dos au soleil.

Si tu as de la chance,
il y aura un arc-en-ciel
juste devant toi.

Quand tu regardes un arc-en-
ciel d'en bas, il a habituellement
la forme d'un demi-cercle.

Mais si quelque chose bloque la lumière, il se peut que tu ne voies qu'une partie de l'arc.

Il n'y a pas que la pluie qui cause des arcs-en-ciel. Essaie d'en voir un quand il y a une fine brume dans l'air. Tu pourrais même voir un arc-en-ciel dans une chute d'eau...

... ou une fontaine dans un parc, ou même dans le jet d'eau du tuyau d'arrosage, dans ta propre cour.

Les mots que tu connais

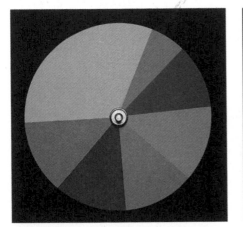

disque chromatique

prisme

arc-en-ciel

Sir Isaac Newton

Comment faire pour voir un arc-en-ciel

Index

Références photographiques